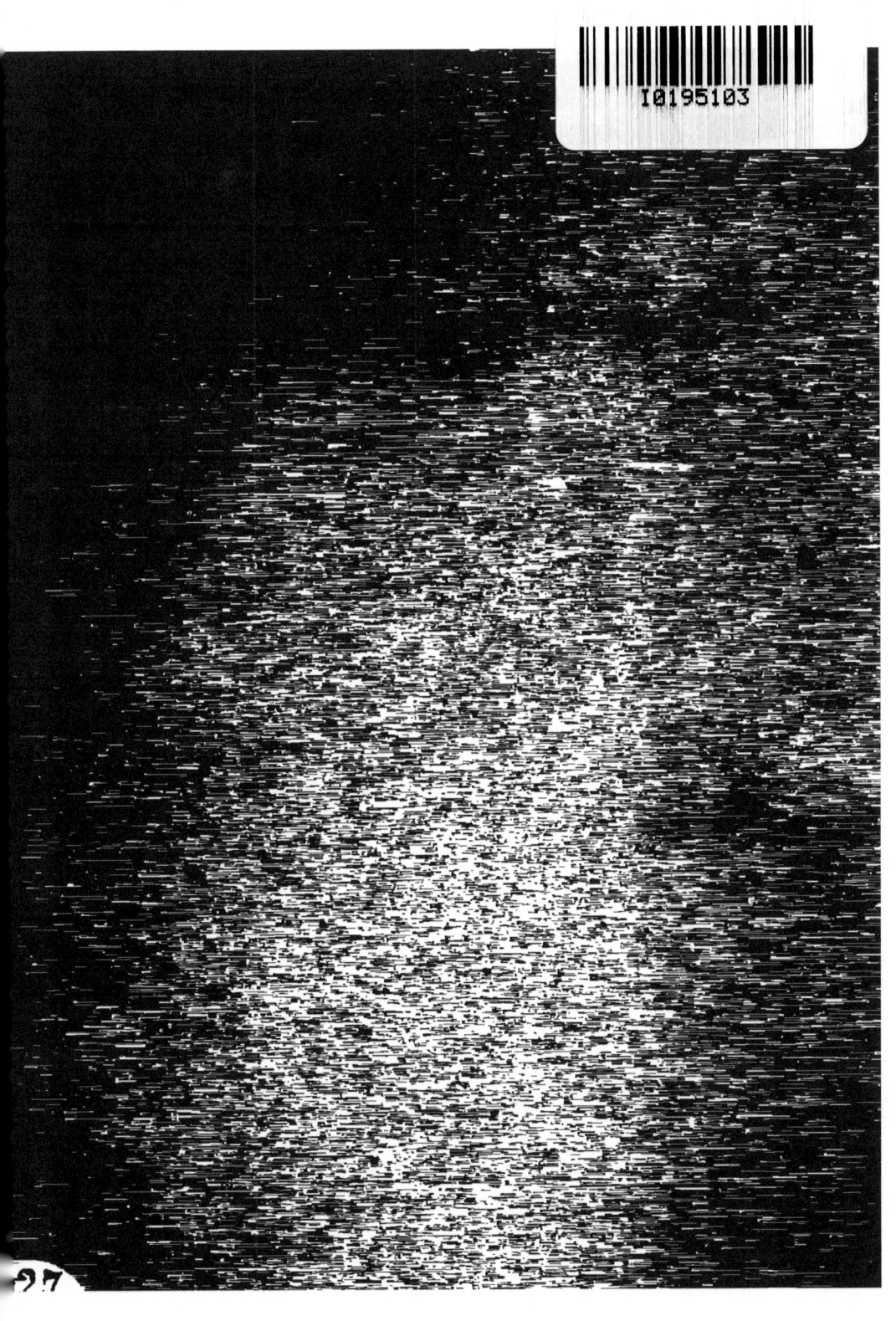

ÉLOGE

DE

GRATIOLET

PUBLICATIONS DU *MOUVEMENT MÉDICAL.*

ÉLOGE
DE
GRATIOLET

PRONONCÉ

À LA SÉANCE ANNUELLE DE LA SOCIÉTÉ ANATOMIQUE (1866)

PAR

M. J. GIRALDÈS

PROFESSEUR AGRÉGÉ DE LA FACULTÉ DE MÉDECINE,
CHIRURGIEN DE L'HOPITAL DES ENFANTS MALADES.

PARIS

AUX BUREAUX DU *MOUVEMENT MÉDICAL*

CHEZ M. GOUPY, IMPRIMEUR

5, rue Garancière, 5

1867

ÉLOGE

DE GRATIOLET

Messieurs,

La science, comme la guerre, a ses gloires et ses victimes ; si elle sait prodiguer quelquefois les éloges, récompenser les services et enregistrer les découvertes, elle oublie souvent de signaler les tortures et de raconter les douleurs de ceux que l'iniquité a brisés, et elle sait cacher avec un soin méticuleux le nom des auteurs de ces inqualifiables injustices.

La *Société anatomique*, en conservant le pieux usage d'évoquer à sa séance annuelle le nom de ceux qu'elle a perdus, en les faisant paraître une dernière fois devant elle, a voulu rendre hommage à leur mémoire, honorer aussi bien le jeune néophyte qui débute dans la carrière, que le savant illustre, le professeur éminent dont le nom est ins-

crit avec honneur dans le livre d'or de la science. J'ai à vous entretenir d'un de ces derniers : à vous parler de Pierre Gratiolet, mon collègue et mon ami ; à dérouler devant vous les détails d'une vie tourmentée, labourée par de méchantes jalousies ; j'ai à reproduire les traits principaux de la carrière d'un savant de premier ordre, d'un écrivain de pure et vigoureuse race, d'un penseur profond, d'un anatomiste éminent, qui savait allier avec sagacité la rigueur des observations anatomiques aux conceptions élevées de la philosophie ; j'ai à vous parler enfin d'un homme profondément honnête, d'un tempérament vertueux, d'une grande noblesse de caractère, et qui, fortement armé de science, végéta pendant vingt années dans une position subalterne ; qui trouva à chaque pas de sa route des obstacles élevés contre lui, des barrières que des gardiens vigilants et jaloux fermaient à quiconque portait au front l'auréole du génie.

Il nous appartiendrait, peut-être, de vous montrer le réseau d'intrigues dressé contre un homme qui avait hérité de son illustre maître, Henri de Blainville, l'intégrité de caractère, l'indépendance scientifique, le respect intime des devoirs, et l'admiration vraie pour les travaux sérieux ; à vous montrer enfin, comment, frappé traîtreusement dans le fort du combat, il eut à souffrir de cruelles douleurs, qui brisèrent pièce à pièce cette âme d'élite, et préparèrent la catastrophe qui ravit à la science un de ses plus nobles enfants !.. Tâche pénible, que je ne ferai qu'effleurer !

Louis-Pierre Gratiolet est né à Sainte-Foy-la-Grande (Gironde) le 6 juillet 1815, et est mort à

Paris le 6 février 1865, n'ayant pas accompli sa cin
quantième année. Il y avait à peine un an que Gratiolet venait d'être nommé professeur titulaire d'a-
natomie, de physiologie et de zoologie à la Faculté
des sciences de Paris, chaire illustrée par son
célèbre maître Henri Ducrotay de Blainville. Il
appartenait à l'ordre de la médecine, en sa double
qualité d'ancien interne des hôpitaux et de docteur
en médecine.

Pierre Gratiolet était issu d'une ancienne famille
noble de Béarn. Il commença ses études littéraires
à Bordeaux, où il se fit remarquer par de brillants
succès, et les termina à Paris, au collége Stanislas.
Ses études littéraires achevées, le futur professeur
de la Sorbonne commença l'étude du droit, et,
après avoir pris la 2ᵉ inscription, il s'aperçut que la
science de Grotius et de Puffendorf ne convenait
pas à sa nature poétique. Gratiolet changea aussitôt de route: de la place du Panthéon, il se dirigea
vers le quartier des Cordeliers, et s'inscrivit à la
Faculté de médecine de Paris, en 1834.

Dès le début de ses études médicales, le futur
auteur du remarquable mémoire sur les plis cérébraux s'adonna avec passion à l'étude de l'anatomie.

Deux ans après, en 1836, il se présenta au concours de l'Externat pour les hôpitaux, fut placé en
1837 à l'hôpital de la Pitié, dans le service de Lis-
franc, et en 1838 à l'hospice des Enfants-Trouvés,
dans le service de Thévenot Saint-Blaise et Auvity.
A la fin de sa deuxième année d'externat, Gratiolet
se présenta au concours de l'Internat, et fut classé
le quatrième sur la liste de promotion. Il passa
encore, la première année de son internat (1839),

à l'hospice des Enfants-Trouvés, dans le service où il avait été externe. Il trouvait, en effet, dans cet établissement, un riche sillon à exploiter au bénéfice de ses études de prédilection.

Ses premières recherches anatomiques, présentées à notre Société, portent pour titre : « *Mémoire sur les scissures anormales* que présente la paroi supérieure de la bouche, et sur le *bec de lièvre;* » ce travail a été inséré dans les *Bulletins de la Société anatomique* pour l'année 1839 (XIVe année, p. 136), et dans le IIe volume des *Annales de physiologie* rédigé par Laurent. Dans ce mémoire, fruit de quelques dissections faites à l'hospice des Enfants-Trouvés, l'auteur y révèle déjà un talent d'observation et une aptitude anatomique que le temps devait confirmer. A la deuxième année de son internat, en 1840, il fut placé à la Salpêtrière, dans le service d'Etienne Pariset, devenu secrétaire perpétuel de l'Académie royale de médecine, écrivain élégant et renommé, peu de temps après un de ses amis et de ses admirateurs. Pendant son séjour à la Salpêtrière, Gratiolet sut conquérir l'affectueuse et paternelle sympathie de son chef. Dans la troisième année de son internat, en 1841, il fut envoyé à l'hôpital de la Pitié, dans le service de Mailly. Enfin sa quatrième année, 1842, il retourna à la Salpêtrière, dans le service de M. Mitivié. A cette époque, pressé par les exigences de ses études anatomiques, Gratiolet donna sa démission d'interne des hôpitaux au mois de mai 1842.

Nous devons signaler ici un épisode de la vie de Gratiolet, épisode peu important, mais qu'il est utile d'indiquer, car, quelques années plus tard, on a cherché à l'exploiter méchamment contre lui. Par arrêté du *Conseil des hospices*, l'entrée des hôpitaux et hospices était interdite à M. Gratiolet ; il lui était également interdit de se présenter pour le concours aux places de médecin et de chirurgien du bureau central, etc., etc. Cet acte d'ostracisme, aussi indigne que ridicule, fut placardé à la porte de l'hôpital de la Pitié, et les visiteurs du jeudi et du dimanche pouvaient lire, à ce pilori de nouvelle espèce, le nom de Louis-Pierre Gratiolet.

Quel pouvait être le délit commis par ce grand criminel ? Par quel singulier mobile, les membres du Conseil général des hospices de Paris, généralement d'une bienveillance paternelle pour les élèves des hôpitaux, et complétement indépendants de l'édilité parisienne, par quel mobile, dis-je, des hommes respectables avaient-ils pu donner leur assentiment à une telle décision ?

Le Conseil général avait été étrangement trompé : Gratiolet, en quittant l'internat, n'avait pas rompu complétement les liens qui l'attachaient aux hôpitaux ; il avait laissé parmi ses camarades des souvenirs sympathiques, des affections dévouées, et de temps à autre, il se donnait le doux et innocent plaisir de venir à la salle de garde serrer la main de ses amis. Il arriva un jour, à l'hôpital de la Pitié, au milieu d'une de ces réunions qui rompaient parfois la monotonie de la salle de garde. Le bruit qu'on y faisait était assez grand pour arriver aux oreilles du directeur de l'hôpital. Celui-ci se rendit au milieu de la troupe joyeuse, et son ton impertinent ne fit que provoquer la riposte, plutôt que de rétablir le calme. Un rapport adressé par lui à la Commission administrative, fut suivi d'une punition infligée aux perturbateurs de l'ordre nosocomial. Les choses avaient été faites d'une telle façon, que Gratiolet fut vivement indigné, et crut utile d'adresser directement au *Conseil des Hospices* une lettre, dans laquelle il racontait les faits dans toute leur véracité. Mais, comme par malheur il connaissait l'auteur principal de la punition infligée à ses ex-collègues, tout en relatant les faits, Gratiolet fit malicieusement allusion à certain personnage de *Gil-Blas*, ce seigneur d'Ordonnez, homme respecté et respectable, et qui faisait cependant fort bien sa fortune avec le bien des pauvres. L'allusion portait trop juste, et le membre de la commission administrative s'y reconnut parfaitement. Devant le Conseil il s'indigna de pareilles insolences de la part d'un élève, et demanda une punition exemplaire pour une telle audace. Ainsi, voilà un Conseil composé d'hommes ayant tous une position très-élevée, sans plus ample informé, approuvant une mesure qui pouvait briser la carrière d'un jeune homme qui avait rendu des services dans les hôpitaux, et sur lequel, en définitive, il n'avait aucun droit, puisqu'il ne faisait plus partie du personnel des hôpitaux et hospices de Paris.

En 1838, Gratiolet avait fait la connaissance du docteur Laurent, médecin en chef de la marine, en retraite, ancien professeur d'anatomie à l'École de médecine navale de Toulon. Ce médecin avait abandonné le service actif dans le but de continuer à Paris ses travaux anatomiques. M. Laurent était un de ces investigateurs à idées originales, mais dont l'originalité, parfois en avance des idées courantes, n'était pas toujours servie par une intelligence assez élevée ; il s'occupait beaucoup de la structure, de la nomenclature et de la classification des tissus ; il avait fixé son attention, d'une manière toute particulière, sur l'étude de ces animaux inférieurs si bien décrits par Tremblay sous le nom d'*Hydres vertes*. Gratiolet le seconda dans ses recherches, le servit de son habile crayon, l'aida de son microscope, instrument qu'on commençait à employer timidement en France dans les travaux anatomiques. M. Laurent présenta Gratiolet à M. Pariset, celui-ci à son tour l'introduisit auprès de M. Chevreul, membre de l'Institut, à cette époque, l'un des appréciateurs les plus compétents du mérite scientifique de Gratiolet.

Le professeur d'anatomie comparée du Muséum, M. de Blainville, ne trouvait pas dans le personnel de son laboratoire tout le concours qui lui était nécessaire. Ce personnel, complétement dévoué à Georges Cuvier, croyait honorer la mémoire de cet illustre naturaliste en contrariant le plus possible les idées de son successeur. Fatigué de cette sourde opposition, M. de Blainville aurait voulu attacher auprès de lui les anatomistes dont il avait besoin. Borné par le budget affecté à son laboratoire, et ne pouvant leur offrir une position convenable, il s'en dédommageait en accordant une libérale hospitalité à ceux qui voulaient faire quelques recherches, compléter quelques travaux : Bazin, Laurent et M. Coste étaient du nombre de ceux qu'on y rencontrait. M. Laurent présenta donc Gratiolet à M. de Blainville, celui-ci l'accueillit avec empressement, offrit au jeune anatomiste, avec une espèce de retenue et presque en s'excusant, la maigre position dont il pouvait disposer, c'est-à-dire la place de préparateur, aux appointements de 900 francs, place à laquelle il fut nommé en 1842. Mais pour le dédommager de son infime position, le professeur attacha le nouveau préparateur à son laboratoire particulier. Il s'aperçut bientôt de l'importante et heureuse acquisition qu'il venait de faire. Non-seulement M. de Blainville avait rencontré dans son auxiliaire un anatomiste très-habile, mais il avait trouvé une intelligence élevée et une aptitude particulière pour l'étude de la science d'organisation.

Les rapports du maître avec l'élève devinrent chaque jour de plus en plus intimes, et, sous la direction habile d'un tel maître, Gratiolet perfectionna ses connaisances anatomiques ; il devint pour de Blainville un élève de prédilection, un ami, un savant que l'illustre naturaliste considérait déjà comme destiné à être, un jour, le représentant le plus distingué de l'anatomie comparée. Il lui en donna bientôt une preuve évidente en l'appelant à le suppléer dans sa chaire d'anatomie comparée, au Muséum d'histoire naturelle.

Forcé, par l'état de sa santé et par ses grands travaux, à prendre quelque repos, M. de Blainville désigna, en 1844, Gratiolet pour le remplacer dans son cours au Muséum. Cette demande, présentée à l'assemblée composée de ses collègues, rencontra tout d'abord une grande opposition. Ceux-ci trouvèrent inouï, ridicule de faire asseoir dans la chaire de Georges Cuvier un préparateur du rang qu'occupait Gratiolet ; c'était un scandale, presque une injure à la mémoire de l'auteur des animaux fossiles ; c'était une impertinence, disaient-ils, dont un rival seul était capable. M. de Blainville parla haut, sut se faire obéir, et la suppléance fut accordée.

Les amis de Gratiolet n'étaient pas sans inquiétude. Remplacer l'habile et éloquent professeur d'anatomie comparée était, en effet, une tâche difficile, une rude besogne. Pour bien apprécier l'importance et la difficulté de cette mission ; pour bien comprendre l'anxiété des amis du jeune suppléant, il faut avoir entendu Blainville, avoir assisté à ces entraînantes et brillantes démonstrations, pleines de fougue et de verve ; à ces leçons remplies de pensées élevées, de données originales dans lesquelles les démonstrations précises étaient secondées par un crayon habile, suivant la parole du professeur, et reproduisant par des traits hardiment jetés les idées si magistralement exposées. M. de Blainville était à la fois un grand naturaliste et un éminent professeur, un de ces hommes auprès desquels on apprenait beaucoup, on apprenait sans cesse ; c'était un modèle !... Venir suppléer un tel homme, était jouer gros jeu. Les amis de Gratiolet étaient remplis de crainte ; aussi assistèrent-ils tous à ce début avec une vive et poignante anxiété ; tous, y compris le vénérable Étienne Pariset, avaient voulu s'y trouver, et l'encourager par leur présence !... Au moment où le jeune professeur entra dans l'amphithéâtre, un silence glacial se fit partout... les poitrines étaient serrées et immobiles.... Cette anxieuse situation ne fut pas de longue durée. elle fit bientôt place à un calme bienfaisant.... Une parole douce, éloquente et sympathique, des pensées élevées, une exposition claire, précise, parfois poétique, secondée par un crayon artistique, annoncèrent à l'auditoire que l'illustre titulaire avait un digne suppléant.

Voici dans quels termes M. Amédée Latour, sous

le pseudonyme de Jean Raymond, rend compte de cette leçon dans la *Gazette des Hôpitaux* du 9 décembre 1844 : « Voici une nouvelle que je suis heu-
« reux de vous apprendre le premier dans la
« presse médicale. Qui de vous ne connaît M. de
« Blainville par ses recherches, ses ouvrages, ses
« travaux, et surtout par ses cours savants si ani-
« més, si pittoresques ?... Après plus de trente ans
« de cette vie laborieuse et si utile, M. de Blainville
« a demandé un peu de repos et un suppléant à sa
« chaire du Muséum d'histoire naturelle. Le repos
« était facile à accorder, mais le suppléant, où le
« trouver ?... M. de Blainville l'a désigné lui-même,
« il l'avait deviné dans un tout jeune homme in-
« connu, modeste, mais plein de talent et de savoir
« qu'il s'était associé comme aide dans ses travaux
« d'anatomie... Avec cette générosité propre aux
« hommes supérieurs, avec ces allures d'indépen-
« dance et de fermeté que nous lui connaissons
« tous, M. de Blainville a surmonté tous les obsta-
« cles qui s'opposaient à la nomination de son re-
« commandé ; obstacles sur lesquels je veux bien
« me taire, par respect pour des savants illustres,
« qui, hélas ! ont bien aussi leurs petites passions et
« leur faiblesse. M. Gratiolet, c'est le nom du sup-
« pléant de M. de Blainville, a donc pu monter dans
« cette chaire qui rappelait des souvenirs si dan-
« gereux et si brillants, et y monter à un âge, où
« d'ordinaire on écoute les leçons qui en descen-
« dent... Un vif intérêt s'attachait à ce début, inté-
« rêt d'affection d'un homme illustre pour son élève,
« intérêt pour la jeunesse du nouveau professeur,
« intérêt de sympathie instinctive pour tout ce qui
« s'élève par la seule force du mérite et du talent.

« Dès sa première leçon, M. Gratiolet a plus que lé-
« gitimé ces intérêts divers... Je vous annonce une
« des plus rares et des plus merveilleuses aptitudes
« professorales qu'il nous ait été donné d'entendre
« et d'apprécier. Élocution brillante, facile, litté-
« raire, s'exerçant sur un fonds solide, sur une ins-
« truction profonde et variée, sur des aperçus éle-
« vés, sur des considérations ingénieuses, sur une
« observation rigoureuse et exercée, telles sont les
« facultés éminentes, universellement reconnues et
« applaudies par un auditoire nombreux et d'élite...
« Un homme devant le goût et l'appréciation du-
« quel nous devons tous nous incliner, M. Pariset,
« après cette leçon, a voulu presser dans ses bras
« ce jeune homme de tant d'avenir, et lui adresser,
« les larmes aux yeux, un de ces mots heureux que
« lui seul sait trouver et dire... Hommage touchant
« et rare qui honore autant celui qui l'accorde que
« celui qui le reçoit. Pour mon compte, moi qui
« n'ai pas l'honneur de connaître M. Gratiolet, je suis
« vivement heureux de lui donner la première acco-
« lade de la presse médicale, et d'annoncer un suc-
« cès qui rejaillit un peu sur nous. M. Gratiolet,
« interne des hôpitaux de Paris, est un de nos
« jeunes confrères. »

A travers ce compte rendu, n'apercevez-vous pas
déjà la brillante silhouette de l'éloquent professeur
des conférences de la Sorbonne ?...

A quelque temps de là, je m'entretenais avec
M. de Blainville du splendide succès du jeune
suppléant. Après m'avoir laissé parler, il me
dit : M. Gratiolet *est un homme fort*, et il ajouta
avec une accentuation dont seul il avait le se-
cret : « *Je vous promets* « *qu'il ira loin...* » La

prédiction du maître n'a pas été démentie par l'élève...

Depuis 1844 jusqu'à 1850, la chaire d'anatomie comparée du Muséum a été occupée par Gratiolet ; le titulaire éprouvait un vif plaisir à se voir ainsi remplacé, et rêvait une combinaison qui lui permît d'assurer au suppléant la possession complète de cette chaire. En 1845, Gratiolet, cédant aux instances de son maître, se présenta pour le doctorat à la Faculté de médecine de Paris. Sa thèse inaugurale a pour sujet et pour titre : « *Recherches sur l'organe de Jacobson.* » Pour juger une dissertation, un travail essentiellement anatomique, la Faculté délégua deux médecins : Fouquier et le digne Chomel, — un agrégé en pharmacie, M. Mialhe, — et un agrégé en accouchements, Cazeaux. Aucun de ces quatre juges n'était en position de soupçonner la valeur de la thèse dont l'appréciation leur incombait.... Ne pensez-vous pas, Messieurs, qu'il serait temps que la Faculté se respectât un peu plus, et qu'elle s'abstînt de confier aux employés de ses bureaux le soin de composer le jury des examens et des thèses ?

Ainsi un brillant professeur, un anatomiste habile, est obligé de se soumettre à un jury tout à fait incompétent, qui aurait pu l'ajourner, ou le recevoir avec une de ces notes qui supposent plutôt un acte d'indulgence que de justice.

Chaque nouvelle année d'enseignement ajoutait un succès à ceux obtenus déjà par le jeune suppléant. Inutile de dire que le titulaire était heureux et fier d'un tel résultat. La révolution de février 1848 vint distraire un moment Gratiolet de ses occupations ordinaires. Obligé, comme tous les citoyens d'alors, de servir dans les rangs de la garde nationale, il s'enrôla dans la Légion d'artillerie. Ses camarades l'appelèrent au poste de capitaine, commandant la 12e batterie. Aux néfastes journées de juin 1848, Gratiolet paya bravement de sa personne à l'affaire du petit Pont, à côté de son brave et digne colonel Guinard. Désigné pour être décoré, Gratiolet refusa. Cette distinction, dans un tel moment, lui rappelait trop un malheur public.

M. de Blainville, toujours préoccupé de l'idée d'assurer sa succession à Gratiolet, le pressait de prendre ses degrés en Sorbonne ; son temps se passait donc à préparer les examens de la licence, à des recherches de laboratoire et à la préparation de son cours du Muséum, auquel il donnait une attention toute particulière. Malgré ces diverses occupations, il trouvait encore quelques instants pour être utile à ses amis, et surtout pour voir quelques pauvres malades auxquels, par humanité, il portait un vif intérêt. Pendant la durée de sa suppléance, Gratiolet consultait souvent M. de Blainville sur les points litigieux de la science qu'il avait à enseigner, et discutait avec lui les doctrines sur lesquelles il ne partageait pas ses vues. Toutes les fois que le titulaire ne parvenait pas à convaincre le suppléant, il terminait l'entretien en lui disant : *Au demeurant, M. Gratiolet, n'enseignez que ce que vous croyez être vrai.* Aussi était-ce avec une fine délicatesse et une déférence exquise qu'il combattait les idées de son maître, et qu'il signalait, avec une respectueuse indépendance, les points de doctrine qui lui paraissaient contestables.

Après six années d'une brillante suppléance,

après un succès aussi éclatant que réel, le jeune professeur pouvait sans présomption espérer un riant avenir. La scène devait bientôt changer ; les rêves heureux devaient s'évanouir, et le jour des déceptions et des amères épreuves commencer.

En 1850, M. de Blainville, brisé par les fatigues d'un long enseignement et par un labeur considérable, la publication d'un splendide monument anatomique, l'*Ostéographie comparée*, demanda à être remplacé dans son enseignement à la Sorbonne, et, suivant l'usage, il désigna son suppléant. Le savant présenté par l'illustre professeur ne fut point accepté, et le conseil de la Faculté, contre tout précédent, nomma un autre remplaçant.

Le doyen de la Faculté, collègue de M. de Blainville au Muséum et à l'Institut, de beaucoup plus jeune dans l'enseignement, au lieu d'aplanir toute difficulté, fut, au contraire, un des promoteurs de ce refus... M. de Blainville, indigné à la fois de ce manque de déférence et de justice, refusa le suppléant qu'on lui donnait, et aima mieux remonter dans sa chaire !

Il inaugura son cours avec un entrain et une verve qui surprirent ses amis. Hélas ! ces belles leçons ne devaient pas être longtemps continuées !... L'illustre professeur voulut profiter des vacances de Pâques pour prendre quelques jours de repos dans sa modeste maison d'Arques, et le 1er mai, après avoir fait à la Sorbonne une admirable leçon d'environ sept quarts d'heure, il partit, le soir, du Muséum pour aller prendre au chemin de fer le train de dix heures. Au moment où il s'installait dans le wagon, le célèbre naturaliste fut frappé d'une violente attaque d'apoplexie, à laquelle il succomba presque aussitôt !... Gratiolet fut vivement affecté de cette perte inattendue !... il regretta profondément celui qui avait été son maître, son ami, son directeur scientifique.

La mort de Blainville laissait vacante une place à l'Institut, la chaire de zoologie à la Sorbonne et celle d'anatomie comparée au Muséum d'histoire naturelle. Le fauteuil de l'Institut fut dévolu à un de ses dignes élèves, M. Coste. Des deux chaires, l'une fut donnée à un savant naturaliste qui portait honorablement son nom, Isidore Geoffroy Saint-Hilaire ; l'autre à M. Duvernoy, ancien doyen de la Faculté des sciences de Strasbourg, membre associé de l'Institut, professeur au Collége de France, l'un des collaborateurs de Georges Cuvier. Gratiolet comprit que, malgré le nombre et le mérite de ses travaux, il ne pouvait entrer en concurrence avec un candidat qu'on décorait du nom de continuateur de Cuvier.

Afin de répondre à quelques allégations qui avaient été mises en avant, Gratiolet commença la publication de ses travaux d'anatomie. Il avait été retenu jusqu'alors par une répugnance très-grande à publier des recherches ébauchées, des observations incomplètes. Rompant avec la mode du jour, il n'avait pas voulu donner comme nouveau ce qui depuis longtemps court les chemins !

L'ex-suppléant du cours d'anatomie comparée au Muséum comptait alors trente-cinq ans... Tout le monde s'accordait à le reconnaître comme un professeur éloquent, un savant distingué et un anatomiste éminent. Il fut cependant forcé de se résigner à rester dans la place subalterne, où, malgré ses œuvres et ses services, le confinait encore l'administration impartiale et éclairée du Muséum !!! Après une suppléance de six années, il avait encore le titre pompeux de préparateur, et les appointements exorbitants de 1400 francs !

Le successeur de Blainville, Duvernoy, reconnut bientôt, dans son subordonné, un homme d'un grand talent; aussi lui montra-t-il une certaine estime. Il se chargea de présenter à l'Académie des sciences quelques-uns de ses travaux, et même d'en être le rapporteur. Dans l'impossibilité où M. Duvernoy était de suffire au double enseignement du Collége de France et du Muséum d'histoire naturelle, il proposa à Gratiolet, en 1852, de le remplacer au Collége de France. Cette proposition était accompagnée d'une mesquine restriction : le suppléant, au lieu de faire un cours sur l'histoire des corps organisés, ainsi que l'indique le programme et le commande l'institution de la chaire, devait se borner, au contraire, à un cours de *conchyliogie*. C'était à prendre ou à laisser : Gratiolet accepta.

Cet enseignement ainsi limité devint cependant, pour Gratiolet, l'occasion d'un nouveau triomphe. Mais, comme entre le titulaire et le suppléant le contraste était trop évident, la suppléance ne fut pas de longue durée ; l'amphithéâtre du Collége de France et celui du Muséum devinrent déserts, et désormais il était facile d'y compter, sans grande fatigue, le nombre des auditeurs.

En 1853, la mort de Laurillard rendit vacante la place de conservateur des galeries d'anatomie comparée. M. le docteur Emmanuel Rousseau y fut appelé, et laissa libre la place d'aide naturaliste, chef des travaux anatomiques. Gratiolet y fut promu le 9 mars de la même année. Au 1er septembre 1853, ses émoluments furent élevés au chiffre de 1800 francs. Désormais en possession d'une place où il pouvait mieux travailler, le nouveau chef des travaux du Muséum donna suite à ses belles *Recherches sur le système sanguin et sur le système nerveux central des vertébrés.*

Gratiolet avait, d'ailleurs, en portefeuille un grand nombre de travaux, accompagnés de très-beaux dessins faits par lui. En un temps assez court, il présenta à l'Académie des sciences et à la Société philomatique d'importantes recherches. Je citerai en particulier : 1° un travail remarquable sur l'*organisation vasculaire de la sangsue médicinale* (Académie des sciences, 1850) ; 2° une monographie d'une grande valeur, sur le *système veineux des reptiles, et sur quelques points de leur système artériel* (Société philomatique, 1853) ; 3° un mémoire sur la *veine porte rénale des oiseaux*, publié en 1853 ; 4° des *Recherches sur les réseaux admirables de la région palmaire dans l'aile des chauves-souris et dans le pied de quelques rongeurs*, publiées en 1853.

Des injections faites avec une rare habileté avaient permis à Gratiolet d'étudier dans toute leur étendue le système vasculaire veineux de quelques animaux, et de compléter avec un grand bonheur la description du système des veines portes rénales, découvertes par Jacobson. En procédant à ces investigations, il découvrit, à son tour, un troisième groupe de veines portes dans les capsules surrénales des oiseaux et des reptiles. Au moyen de ses magnifiques injections, il reconnut aussi chez certains mammifères de la classe des Chéiroptères, des dispositions artérielles, analogues aux réseaux artériels que présentent les membres des *Bradypes*, des *Tarsiers*, et ceux d'un oiseau anatomisé par Rich. Owen, l'*Apterix*.

Depuis plus de six années, Gratiolet s'occupait d'une manière toute spéciale de l'étude des centres nerveux chez les vertébrés ; il en avait exposé quelques points dans ses remarquables leçons du Muséum. En 1850, il communiqua à l'Académie des sciences un mémoire *sur les plis cérébraux des Primates*, dont l'impression, dans la collection des savants étrangers, a été demandée en 1852 par M. Duvernoy, le rapporteur.

Gratiolet, dans la même année, fit part à la *Société Philomatique* de ses recherches sur la *structure de la substance grise de la moelle épinière*, organe dans lequel il démontra l'existence de cellules nerveuses multipolaires, communiquant, s'anastomosant entre elles, formant un véritable plexus, se continuant d'une part, avec les faisceaux de la moelle, et d'autre part avec les racines nerveuses périphériques. Cette découverte, confirmée plus tard, par Stelling, Van-der-Kolk et Lockhart Clark, appartient tout entière à l'éminent anatomiste du Muséum. En 1852, il présenta à la *Société Philomatique* une note : *sur le parallèle de la moelle épinière et du cerveau*. Dans cette note, véritable modèle d'une exposition comparative, il démontre, par une analyse délicate, comment les diverses parties de la moelle épinière se modifient, se transforment à mesure que cet organe pénètre dans la cavité crânienne, pour former les parties centrales du cerveau. En 1853, il lut à l'Académie des sciences, un travail important sur *l'encéphale de l'éléphant.* Mais il faut citer d'une manière toute particulière cette belle et splendide monographie sur les *plis cérébraux de l'homme et des Primates* (1854) ; œuvre magistrale, mentionnée avec honneur par les anatomistes les plus éminents : Rud. Wagner, Andreas Retzius, Huxley, Rolleston, Sharpey, œuvre dans laquelle Gratiolet étudie, groupe et classe avec une grande finesse d'observation le méandre jusqu'alors inexplicable des circonvolutions cérébrales.

Poursuivant ses recherches sur l'anatomie des centres nerveux, Gratiolet communiqua à la *Société Philomatique* dont il fut secrétaire et plus tard président, des recherches sur les différents ordres de fibres qui entrent dans la composition des hémisphères cérébraux chez l'homme et chez les Primates. Nous lui devons encore la découverte de l'existence d'une expansion nerveuse, d'une troisième racine des nerfs optiques qu'il désigne sous le nom de racine cérébrale. Cette troisième origine des nerfs de la seconde paire s'étale en forme d'éventail dans l'épaisseur du lobe postérieur du cerveau. Dans l'année 1855, la même compagnie eut les prémices de ses belles recherches sur la *structure du cervelet*. De plus, il acheva son travail sur le cerveau de l'éléphant, et commença une série d'études sur la *myologie de singes anthropomorphes.*

Ces divers travaux, tous d'une grande valeur, portent la marque d'une grande supériorité, et mettent en relief le mérite incontestable de l'auteur. Aussi, dès cette époque, le chef des travaux anatomiques du Muséum était considéré par deux des plus grandes autorités du monde scientifique, les illustres savants : Rud. Wagner et Andreas Retzius, comme un anatomiste de premier ordre.

L'ancien élève de Blainville avait gardé pour son illustre maître un profond sentiment de reconnaissance, un respect profond pour son nom et un véritable culte à la mémoire de ce savant. Cette fidélité à un homme qui, de son vivant, avait toujours méprisé les coteries scientifiques, devait lui coûter cher. Elle fut tenue en bonne note par les chefs d'une certaine confrérie organisée au Muséum, par des savants d'un ordre secondaire.

La mort de M. Duvernoy, survenue au mois de mai 1855, laissait vacantes la chaire d'*anatomie comparée* au Muséum, et celle de l'*histoire des corps organisés* au Collége de France. Gratiolet était le seul anatomiste, alors capable de remplir dignement la chaire d'Anatomie comparée : six années d'un enseignement brillant, des travaux d'anatomie comparée, d'un mérite transcendant, lui donnaient un titre incontestable à la chaire vacante. Ces titres devaient disparaître devant des considérations auxquelles on était loin de songer. Le professeur d'*Entomologie* du Muséum, doyen de la Faculté des Sciences, ambitionnait la place qu'on appelait alors la Chaire de Georges Cuvier. Le nouveau postulant, peu versé dans l'anatomie, ne connaissait, de cette science, que quelques points de l'organisation des crustacés, et toutes les fois qu'il avait voulu se livrer à des études anatomiques plus générales, il était tombé dans les fautes les plus étranges ; cette singulière prétention de vouloir professer une science qui ne lui était pas familière n'était pas acceptable. Les titres de professeur d'entomologie au Muséum, de membre de l'Institut et doyen de la Faculté des sciences, étaient les seuls qui appuyaient cette bizarre fantaisie.

Pour empêcher un tel scandale, M. Serres, professeur d'anthropologie, ayant des titres plus sérieux que ceux de l'entomologiste son collègue, demanda à permuter, c'est-à-dire à passer de la chaire d'anthropologie à celle d'anatomie comparée. En principe, ces permutations ne devraient point être tolérées. C'est une arme forgée à l'usage des associations d'admiration mutuelle, et dont on se sert pour favoriser l'accès des uns et empêcher l'arrivée des autres. Dans l'espèce, néanmoins, cette permutation avait pour effet de prévenir une révoltante iniquité, et d'ouvrir à Gratiolet une perspective plus assurée. D'ailleurs, un des hommes les plus respectables du Muséum, M. Chevreul, s'était chargé de faire valoir plus tard, auprès de ses collègues, les droits de l'ancien suppléant de Blainville à la chaire d'anthropologie.

Grâce à cette combinaison, Gratiolet avait l'espoir d'être nommé à la chaire d'anthropologie, enseignement nouveau, où il y avait tout à créer, et dans lequel son esprit essentiellement philosophique et ses profondes connaissances en anatomie, trouvaient un vaste terrain pour semer et recueillir de riches moissons.

Cette chaire se trouvait, en outre, à l'abri des convoitises de l'auteur de l'*Histoire des crustacés*.

Mais les espérances de Gratiolet et de ses amis ne durèrent point longtemps ; bientôt parut à l'horizon un point noir, et ce point noir, grossissant peu à peu, cachait un membre de l'Institut, qui venait demander la place vacante !... Quels étaient les titres de ce postulant inattendu ? sur quels travaux d'anatomie fondait-il ses prétentions ?..... Était-ce quelque habile anthropologiste, poussé par le désir de vulgariser des doctrines nouvelles, qui venait réclamer un héritage auquel il avait des droits légitimes ?... Non !... le nouveau candidat, zoologiste spécialiste ne s'était occupé que de l'examen d'un groupe d'animaux, des mollusques inférieurs, dont la transparence lui avait permis de décrire sans dissection, et de reproduire par le dessin quelques dispositions anatomiques, notamment le système nerveux. Ce zoologiste, connu encore par des articles d'histoire naturelle insérés dans une Revue littéraire, était peu versé dans l'étude anatomique des animaux vertébrés, et en particulier dans celle de l'ostéologie de l'homme. Tel était le nouveau candidat... Il apportait, il est vrai, un titre qui pouvait assurément avoir une certaine valeur..... Il avait, avec plus de courage que de bonheur, soutenu, malgré les attaques d'un naturaliste distingué, le jeune Soleyet, une des plus grandes erreurs anatomiques des temps modernes ; je veux parler du *phlébentérisme*.

M. de Quatrefages, puisqu'il faut le nommer, était le champion qui se présentait dans l'arène, ainsi légèrement armé, afin de disputer à un anatomiste, dont la réputation était déjà européenne, une place à laquelle une vie de labeurs incessants lui avait créé des titres indéniables.

L'habileté de Gratiolet, comme anatomiste, son aptitude professorale hors ligne, devaient, cependant, peser fortement dans la balance. Comptant, parmi les professeurs du Muséum, de nombreux admirateurs de son talent, il était assuré d'être placé en première ligne. Or, c'est cette présentation au premier rang qu'il s'agissait d'empêcher. C'était une tâche difficile ; mais, des gens habiles, qui professent le principe que la fin justifie les moyens, ne pouvaient et ne devaient pas désespérer. On insinua adroitement qu'il n'était pas de la dignité du Muséum de nommer professeur celui auquel, pour des raisons graves, l'accès d'un établissement public avait été interdit... On le représenta comme un homme dangereux, un démagogue renforcé : Gratiolet avait commandé une batterie de la légion d'artillerie, batterie dont les opinions étaient des plus accentuées ; donc, il devait être lui-même un socialiste exalté.

Devant ceux pour lesquels de pareilles accusations eussent été sans portée, on peignit Gratiolet comme un ultramontain forcené, ne connaissant d'autre règle de conduite que les maximes des fameuses *Monita secreta*.

Aux indifférents politiques, à ceux qui ne voulaient tenir compte que des titres scientifiques, on affirmait que ses cours, dont on faisait tant de bruit, avaient été dictés par de Blainville, et que ses travaux sur le système nerveux avaient été empruntés à d'autres.

Telles étaient les allégations que, dans l'intérêt de la science compromise, on murmurait discrètement aux oreilles des uns, et qu'on répétait plus ouvertement aux autres.

Je ne mentionne ici, Messieurs, qu'une partie des artifices, des travaux souterrains employés par d'aussi habiles ingénieurs, pour ruiner la candidature de Gratiolet. Malgré tout, la place tenait bon, et la brèche n'était pas ouverte.... Il fallut donc recourir à d'autres procédés.... Le Muséum comptait au nombre de ses Professeurs un vieillard respectable, et respecté de tous, qu'on savait partisan de la candidature de Gratiolet. Ce naturaliste désirait ardemment assurer sa succession à l'un des siens; on exploita sa faiblesse; on lui fit comprendre que s'il consentait à voter en faveur de son collègue de l'Institut, il pouvait compter en retour sur la reconnaissance de celui-ci, sur l'appui dévoué du doyen de la Faculté des sciences et de ses amis, personnages influents au Muséum et à l'Institut; dans le cas contraire, on lui faisait entrevoir que son projet rencontrerait une vive et légitime opposition, et serait même impossible à réaliser; le vieillard céda : ce fut la pierre détachée des murs de la place, la brèche par où l'ennemi devait passer au jour du combat.

Les candidats qui ambitionnaient la chaire d'anthropologie, étaient au nombre de cinq :

MM. Denonvillers,
Gratiolet,
Hollard,
Jacquart,
de Quatrefages.

Au jour du scrutin, sur 14 votants, MM. Gratiolet et de Quatrefages obtinrent chacun 6 voix; M. Denonvillers, une; M. Hollard, une.

Au deuxième tour, le vote donné à M. Denonvillers passa à M. de Quatrefages; celui de M. Hollard, à Gratiolet.

Les deux candidats étaient donc présentés ex-æquo; chacun gardait en apparence le champ de bataille; mais en réalité la victoire était assurée au défenseur du phlébentérisme. Il était certain que M. de Quatrefages, membre de l'Institut, serait porté par cette compagnie au premier rang...... Comment pouvait-il en être autrement ?.... Les suffrages de la section de zoologie de l'Institut, composée de professeurs du Muséum, qui avaient déjà voté pour leur collègue de la section, étaient d'avance acquis à celui-ci. Quant aux membres des autres sections, chimistes, géomètres, astronomes, géologues, ils s'entendaient répéter par chacun que M. Armand de Quatrefages, leur collègue, était l'homme le plus autorisé pour enseigner l'anthropologie, celui dont les travaux primaient tous les autres ; que la présentation ex-æquo par le Muséum, n'était qu'un acte de bienveillance, un encouragement, une fiche de consolation enfin donnée à un des employés de cet établissement. Le jour du vote, 23 voix confirmèrent le choix de la section de zoologie ; 12 voix seulement se portèrent sur Gratiolet ; 2 académiciens protestèrent en mettant dans l'urne un billet blanc.

Il faut renoncer à peindre la profonde et amère douleur de Gratiolet. Ce n'était pas le désappointement du candidat déçu dans ses légitimes espérances, mais bien le sentiment réel d'une grande injustice, d'une flagrante iniquité...! L'anatomiste, qui pendant six années avait rempli d'une manière si brillante la chaire illustrée par les deux grands naturalistes Henri de Blainville et Georges Cuvier, et dont les travaux remarquables en anatomie comparée révélaient un savant d'un ordre supérieur, cédait le pas, se trouvait éloigné de l'enseignement de l'anthropologie, au profit d'un zoologiste spé-

cialiste, d'une compétence anatomique contestée...!
Il était désormais avéré pour Gratiolet qu'on voulait l'annuler, le décourager et le confiner pour longtemps dans une position subalterne; son mérite, son caractère indépendant faisaient ombrage à des gens qui connaissaient l'art de soigner leurs affaires en paraissant dévoués aux seuls intérêts de la science. Ainsi après douze années de beaux travaux, après avoir donné la mesure d'un grand talent, les appointements de Gratiolet équivalaient à peine à ceux d'un élève sortant de l'école de Saint-Cyr !.... perspective peu encourageante !.... Etonnez-vous donc, Messieurs, que l'anatomie comparée soit négligée parmi nous, qu'on regarde les positions auxquelles elle conduit comme un marchepied pour atteindre un but, et qu'elles soient occupées presque toutes par de grandes médiocrités.

La chaire du Collège de France restait vacante. Cette chaire, par la nature même de sa destination, embrassait un enseignement plus général; un talent de la trempe de celui de Gratiolet pouvait y prendre tout son essor, s'élever à de hautes régions et découvrir de larges horizons; c'était une tribune qui lui offrait encore un ample dédommagement. Il commença donc à préparer sa candidature; mais, voilà qu'aussitôt un autre membre de l'Institut, déjà professeur au Muséum et à l'Ecole normale, ambitionne la place vacante.

Le nouveau postulant était l'homme le moins apte à l'enseignement, il en avait donné toute la mesure dans son cours de malacologie au Muséum, où son auditoire se réduisait à son préparateur, et à deux ou trois petits rentiers du quartier. Cette candidature ne semblait donc pas très-redoutable ; mais, à l'ombre de celle-ci en paraît une autre, devant laquelle toute lutte devenait impossible. M. Flourens, secrétaire perpétuel de l'Académie des sciences, professeur de physiologie comparée au Muséum, dans le but, disait-il à Gratiolet, d'empêcher les inqualifiables prétentions de son collègue de l'Institut, se mit sur les rangs, demanda et obtint la chaire du Collége de France.... Comme vous le voyez, Messieurs, c'était la deuxième représentation de la comédie, jouée au Muséum, lors de la permutation du professeur d'anthropologie, à la chaire d'anatomie comparée !... C'était toujours dans un but d'utilité scientifique, pour empêcher une injustice, qu'on se décidait à se sacrifier, à demander pour soi quelque nouvelle place, qu'on avait bien l'intention de garder toujours !...

Le secrétaire perpétuel de l'Académie des sciences, professeur de physiologie comparée au Muséum, devint encore au Collége de France professeur de l'histoire des corps organisés.... Ne vous semble-t-il pas, Messieurs, qu'à une époque où il est tant question de perfectionnement social, il serait temps d'arrêter de telles combinaisons, d'empêcher de tels cumuls, et qu'il y aurait opportunité à créer certaines incomptabilités, qui laisseraient enfin aux jeunes savants la récompense due à leur talent, à leurs travaux ?

Cette fois, la mesure était comble... Gratiolet voyait toutes les barrières fermées. Au Muséum, à la Faculté des sciences, à l'Institut, les mêmes hommes, les mêmes intérêts, la même confrérie !... A l'Institut et au ministère de l'instruction publique rayonnait une néfaste influence, prêtant son appui puissant à cette association du Muséum, décidée à frapper, à écraser partout quiconque conservait quelque respect, quelque souvenir pour le nom de de Blainville. Gratiolet eut un moment la pensée de solliciter une chaire dans une faculté secondaire ; il éloigna promptement cette idée ; il se voyait presque contraint de renoncer à l'enseignement et à l'étude d'une science qu'il aimait, et qui lui avait procuré, malgré tout, de si douces satisfactions. Ses modiques appointements suffisaient à peine aux besoins de sa famille... Pouvait-il reprendre la pratique de la médecine qu'il avait depuis longtemps abandonnée, pratique, il faut le dire, qu'il ne cessa d'exercer envers des malheureux, qu'il assistait de ses conseils, et parfois même de ses faibles ressources !... Il songea un moment à abandonner son pays, à aller aux États-Unis pratiquer la médecine, ou se livrer à l'enseignement. Il eut plus sérieusement la pensée d'aller demander aux pays scandinaves, auprès de son admirateur, de son ami Andréas Retzius la position qu'on lui refusait dans son pays ; ce projet fut abandonné, grâce aux instances et aux conseils de ses amis, aux encouragements de sa digne compagne, qui lui montraient à l'horizon quelques éclaircies, lui faisant espérer un plus heureux avenir. D'ailleurs, Gratiolet trouvait dans ses études un adoucissement à ses peines, une distraction utile, et il grandissait chaque jour dans l'estime et dans la considération de tous... Il reprit donc ses travaux, s'y plongea avec une activité fiévreuse, et, vers la fin de l'année 1855, il communiquait à la Société philomatique un remarquable travail sur le cerveau des mammifères ; en 1857, parut son magnifique livre : *l'Anatomie comparée du système nerveux considéré dans ses rapports avec l'intelligence.* Ce livre complétait d'une manière plus large, plus philosophique et plus anatomique l'œuvre commencée par Leuret. Dans la même année, il présenta à l'Académie des sciences une note sur le développement de la forme du crâne humain, et sur quelques différences qu'on observe dans la marche de l'ossification des sutures, travail d'une grande portée au point de vue anthropologique.

Les espérances des amis de Gratiolet commençaient à se réaliser ; son avenir, après de sombres nuages, se présentait sous un aspect plus satisfaisant ; déjà ses modiques appointements avaient été augmentés et portés à 2,400 fr. Le ministre de l'instruction publique, M. Rouland, avait été renseigné sur les injustices dont avait été victime l'éminent anatomiste, et il avait appris comment, dans un but d'intérêt personnel, on avait éloigné de la chaire d'anatomie comparée le seul homme en état d'enseigner cette science. Pour montrer tout l'intérêt qu'il portait à un savant aussi distingué, et pour lui donner une marque de sympathie, M. Rouland le fit nommer chevalier de la Légion d'honneur le 15 août 1858.

Mis au courant de la manière dont se faisaient les affaires au Muséum, des arrangements dynastiques qu'on y préparait, des procédés employés par cette confrérie de savants, dans le but d'éloigner les hommes de talent au profit des camaraderies de famille, le ministre de l'instruction publique annonça quelques projets de réforme, qui jetèrent l'effroi parmi les satisfaits de la science, et diminuèrent pour un instant la puissance de cette association d'assurance scientifique.

D'ailleurs, la notoriété anatomique du chef des travaux du Muséum grandissait chaque jour ; sa compétence était reconnue; le nom de Gratiolet était cité avec honneur par les anatomistes étrangers, qui le regardaient comme une autorité.

Dans l'année 1860, le futur professeur de la Sorbonne fit paraître une belle monographie sur l'anatomie de la lingule, mollusque, de la famille des brachiopodes, et présenta à l'Académie des sciences des mémoires sur le système vasculaire de l'hippopotame, sur le cerveau du gorille, sur le cerveau de l'hippopotame, et des recherches relatives à la rotation de l'axe du corps, déterminée par certaines lésions du cervelet. Tous ces travaux portent l'empreinte d'une grande finesse d'observation, et révèlent une grande habileté anatomique, une profonde puissance de généralisation.

Gratiolet était fermement décidé à conquérir une position dans l'enseignement, et à forcer les portes de l'Académie par le nombre de ses titres et l'importance de ses travaux. Dans cette même année 1860, une Société d'anthropologie fut constituée à Paris, et l'éminent anatomiste, qui compte au nombre de ses fondateurs, en devint plus tard le président.

On conserve encore, au sein de la Société anthropologique, le souvenir des discussions brillantes, auxquelles il prenait une si large part, et on n'a pas oublié l'éloquence et le charme de ses discours; les bulletins de cette Société ont enregistré quelques-unes de ses profondes et philosophiques observations, sur les points les plus ardus, les plus élevés de l'anthropologie. Il a présenté à cette Société plusieurs travaux : sur la microcéphalie, considérée dans ses rapports avec les caractères du genre humain, sur le poids du cerveau et sur le crâne d'un totonaque, etc. : travaux qui démontrent l'aptitude de cet esprit ingénieux à comprendre, à coordonner les éléments épars des questions les plus délicates, et qui laissent prévoir à quelles hautes régions il aurait porté l'étude de la science de l'anthropologie, si la chaire du Muséum ne lui avait pas été si malencontreusement refusée.

La mort de M. Isidore Geoffroi Saint-Hilaire, survenue en 1862, laissa vacante à la Sorbonne l'ancienne chaire de de Blainville. M. Rouland était encore ministre de l'instruction publique, et il pensa que la chaire vacante serait dignement remplie par Gratiolet. Pour satisfaire aux exigences académiques, le futur professeur présenta pour le doctorat ès sciences, le 3 mars 1862, à la Faculté des sciences de Paris, sous forme de thèse, ses belles et magnifiques recherches sur l'organisation du système vasculaire dans la sangsue médicinale et l'aulostôme vorace, travail de longue haleine, où l'auteur consigne avec un soin minutieux le résultat de ses observations sur les réseaux sanguins des hirudinées ; grande monographie, accompagnée de planches, représentant l'anatomie du système vasculaire de cette annélide.

Avant que Gratiolet pût être chargé, même à titre provisoire, du cours de la Sorbonne, le ministre dut faire agir son influence pour détruire les oppositions systématiques et intéressées qui s'élevaient contre son candidat, et, par arrêté ministériel, en date du mois d'avril 1862, M. Gratiolet fu chargé, à titre provisoire, du cours d'anatomie de physiologie et de zoologie à la Faculté des sciences de Paris.

Le nouveau suppléant, pris à l'improviste, fut à la hauteur de sa mission, et s'acquitta de cette tâche difficile avec un admirable succès.... La voix sympathique qui s'était fait entendre douze années auparavant, dans l'amphithéâtre du Muséum, retentissait maintenant dans cette vieille Sorbonne, et Gratiolet montrait au doyen de la Faculté des sciences, que le professeur provisoire était un maître !.... L'année scolaire se termina au milieu des applaudissements d'un auditoire nombreux et empressé à écouter, à recueillir ces savantes et poétiques leçons. Le doyen de la Faculté, plus difficile, pensa néanmoins que l'épreuve n'était point suffisante, qu'une seule partie du programme de l'enseignement avait été traitée, et qu'un second semestre de suppléance était nécessaire.

Avant que l'éminent professeur fût promu au titulariat, M. Rouland quitta subitement le ministère de l'instruction publique, et fut remplacé par M. Duruy... Les amis de Gratiolet craignirent un moment que des influences nouvelles ne vinssent agir auprès du nouveau ministre, entraver sa nomination, et faire donner cette place à quelque zoologiste de l'Institut !... Heureusement, la direction de l'instruction publique tomba entre les mains d'un ministre éclairé, qui connaissait ses devoirs, et sut apprécier le mérite et les droits du suppléant. Pierre Gratiolet fut donc nommé professeur titulaire à la Faculté des sciences de Paris, le 22 novembre 1863. Honneur aux deux hommes éminents qui surent récompenser le mérite d'un savant aussi distingué, et donner à l'enseignement un aussi habile professeur.

A partir de ce moment, tout s'aplanit devant Gratiolet. Comme par un coup de théâtre toute opposition cessa ; le navire étant au port, il devenait impossible de le faire sombrer. L'anatomiste apparut dans toute sa valeur, le savant se révéla complétement à leur esprit ! Le bandeau, qui, pendant longtemps, les avait empêchés de voir, tomba tout à coup... On doit se rappeler les paroles emphatiques, l'éloge pompeux de Gratiolet, prononcé sur sa tombe par celui-là même qui lui avait fait une injuste opposition ; et ces paroles, pleines de charme, qu'on disait être « des perles roulant sur un tapis d'or, » cette sympathique éloquence avaient, hélas ! retenti vainement à ses oreilles dix ans auparavant !

La nomination de Gratiolet au professorat, loin de ralentir son ardeur, l'excita, au contraire ; sa place, disait-il, lui imposait la mission de scruter, de poursuivre la science dans toutes ses profondeurs. Désormais en possession d'une tribune d'où sa voix éloquente pouvait être entendue, il se livre à de nouvelles recherches avec une ardeur fébrile. L'anthropologie, rameau de l'anatomie comparée, et partie intégrante de la philosophie naturelle, l'occupe d'une manière particulière ; l'étude de l'anatomie spéciale des animaux mammifères supérieurs lui doit aussi de précieuses conquêtes ; il décrit, avec un rare talent, le crayon et le scalpel à la main, la myologie du gorille et de l'hippopotame, et s'apprête à combler les nombreuses lacunes qu'on rencontre dans l'histoire de l'organisation des mammifères... Tous ces travaux donnaient à Gratiolet une haute autorité ; les portes de l'Institut allaient s'ouvrir devant lui, et les magnifiques conférences de la Sorbonne allaient bientôt accroître la renommée de son nom.

Au moment où l'éloquent professeur s'apprêtait à réaliser les rêves de sa jeunesse, les ressorts de cette belle organisation, longtemps tendus et tourmentés sans mesure, se brisèrent, et l'on vit disparaître cette brillante personnalité !

Messieurs,

Je viens de dérouler devant vous le cours si douloureusement interrompu de la vie de Pierre Gratiolet. Dans ce tracé incomplet, j'ai eu soin d'indiquer les étapes difficiles, et, comme dans les pays où l'on marque d'un calvaire les endroits des chemins où quelque malheur est arrivé, j'ai marqué aussi de couleurs plus vives les endroits où il a eu à souffrir.

Devant une Société comme la Société anatomique, formée en grande partie de jeunes hommes, à l'aurore de leur carrière, dominés par des inspirations généreuses et le feu sacré de la science, il était utile de montrer comment un homme d'un mérite supérieur, d'un caractère essentiellement honnête et indépendant, de manières douces et sympathiques, a pu être un instant annulé, et a failli sombrer sous la puissante pression d'une coterie scientifique.

Il était utile aussi de vous signaler l'organisation et les actes de ces associations d'assurance scientifique mutuelle, de ces confréries de savants, attachés les uns aux autres, comme les grains d'un chapelet, et passant, tour à tour, par-dessus tout, méprisant les travaux accomplis, les droits et la justice!...

A vous, qui débutez dans la carrière, de vous armer contre ces associations, de leur arracher le masque qui leur couvre le visage, si vous ne voulez être un jour leur victime!... Pierre Gratiolet a été une des victimes de ces associations dont les manœuvres tortueuses et souterraines ont empoisonné une partie de sa vie, ont faussé chaque ressort de cette puissante et belle organisation, et ont enlevé à la science, à l'enseignement, un de ses plus habiles, de ses plus brillants représentants.

La mort de Gratiolet a laissé dans le domaine de l'anatomie comparée un vide de longtemps difficile à combler!... Héritier des idées et des doctrines de l'illustre naturaliste Henri de Blainville, nul mieux que lui n'était en mesure de les compléter, de les perfectionner. Esprit essentiellement élevé, il embrassait dans toute leur amplitude les questions abstraites de la philosophie naturelle, sans se laisser entraîner dans la voie nébuleuse parcourue par Carus, Oken et Spix.

Doué d'un talent d'artiste de premier ordre, Gratiolet excellait à faire comprendre, par des dessins, ingénieusement conçus et habilement exécutés, les méandres délicats de l'organisation animale, ainsi que les problèmes difficiles et abstraits de l'anatomie philosophique. Sa parole correcte, précise et poétique charmait par son élégance, et fixait l'attention par l'élévation des pensées.

D'un caractère doux et bienveillant, d'un esprit enjoué, légèrement ironique, Gratiolet, malgré les injustices dont il avait à se plaindre, avait gardé toute la sérénité de son âme et la vivacité de son esprit ! Son caractère droit ne lui permettait pas de rester indifférent aux dénis de justice, et il se révoltait contre les iniquités dont les autres avaient à souffrir.

Généreux par tempérament, Gratiolet ne se faisait jamais prier lorsqu'il s'agissait de rendre un service; il assistait quelquefois de ses modestes ressources ceux qui étaient dans le besoin, et il cachait soigneusement la main qui les distribuait. Un employé du Muséum, dont les justes réclamations, appuyées par Gratiolet, étaient restées sans succès, recevait tous les mois du trésorier de l'administration du Muséum 50 francs, pris sur les modestes appointements (3000 fr.) de son protecteur. La mort de Gratiolet lui révéla seule l'origine du secours, qu'il croyait recevoir de l'administration.

Telle est, Messieurs, la carrière de notre collègue, du savant éminent que la science a perdu ! Sa vie tout entière peut se résumer en trois mots :

Honneur,
Science,
Abnégation.

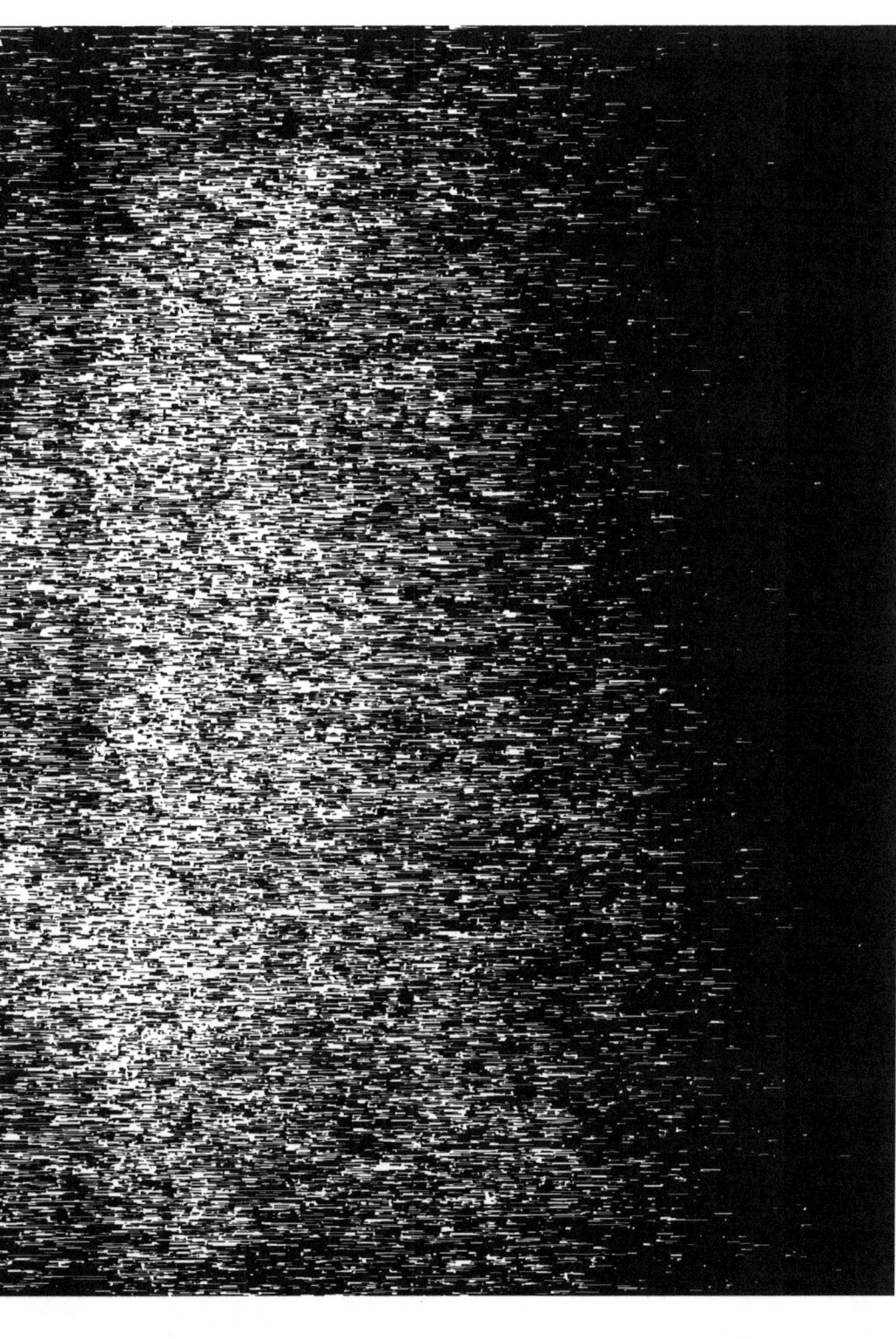

www.ingramcontent.com/pod-product-compliance
Lightning Source LLC
Chambersburg PA
CBHW070658050426
42451CB00008B/418